Ib Boye

# KONGEHUSETS ÅR 1999

LADEMANN

Kongehuset – 1999
Copyright © Egmont Lademann A/S, København, 1999
Tekst: Ib Boye med bidrag af Jesper Boye
Forlagsredaktion: Jørn Polack
Billedredaktion: Ib Boye, Jesper Boye og Jørn Polack
Layout & sats: Carvi-Sats, København
Repro: OK repro, København
Omslagsdesign: Annette Berggreen
Omslagsfoto: Lars Andreasen
Tryk: EJ Offset, Beder

ISBN 87-15-10179-7

Redaktionen afsluttet 25. september 1999

Foto: KLAUS MØLLER

# Noget at se frem til

Det specielle ved danskere, der er ved at fylde 60 år, er, at der kommer en slags lyst til at gøre status over livet. Og dermed en "opgørelse" over hvad der er lykkedes, og hvad der kan sættes forhåbninger til i fremtiden. Dronning Margrethe fylder 60 år i april i det nye årtusinde. Da hun kom til verden , var det hendes farfar, Christian 10., der stolt viste hende frem. Danmark var i besættelsesåret 1940, og det var som om han ville sige: "Se hvad jeg viser jer. Troen på fremtiden. Troen på at dette forår bliver anderledes i Danmark. Lykkeligere, friere og med flere smil i hverdagen"...

Dronningen blev symbol på, at onde tider ikke bliver ved. Livstro og robust humør kan sammen med energi, omtanke og lyst til at udfolde sig og respekten for andre menneskers særpræg være det sesam-ord, der får noget til at lykkes. I dronning Margrethes bestilling er det ikke en selvfølge, at alt lykkes, men der er en stærk fæstning bag det hele: familien. Her kan man lytte til og følge de ældres store pligtfølelse, tillid og tro på andre mennesker. Man kan blive et godt eksempel for en ny generation. Det var en ny oplevelse for regentparret at blive bedsteforældre – endelig – og dermed få endnu et positivt element i den status, en 60-årig giver sig af med: troen på en ny generation, som skal se verden med tradition og fornyelse.

Det er ingen hemmelighed, at dronning Margrethe er kunstner. Det sind der har kunstneriske aspirationer, dækker også over overvejelserne, om man er god nok til anerkendelse. Den professionelle vurdering og anerkendelse blev en af årets store glæder.

Den familiære forøgelse og den forestående runde fødselsdag og de nye internationale opgaver betyder nok et pres, men – som symbolet på, at alt bliver anderledes i foråret – også en tro på, at tingene vil lykkes, således som de herlige fotografier af et aktivt år også viser. Det er bogen der sætter punktum for et år i fest og farver, hvor meget lykkedes.

Noget, der er værd at mindes.

Ligesom dengang, da man var en lille pige der kom på julemærkerne, som et symbol på, at der var noget at se frem til i den nye tid – det nye årtusinde.

Ib Boye, efteråret 1999.

# Galant kronprins

Kronprins Frederik hører ofte, at han ligner sin morfar, kong Frederik IX, og det er korrekt, at han som ung søofficer er galant og hensynsfuld. Det viste han, da han holdt bildøren for sin mormor, dronning Ingrid, som han med omsorg bød armen til en mindestund for kong Frederik, der i foråret ville være fyldt 100 år. Ved graven i Roskilde Domkirke blev der nedlagt blomsterkranse af dronningerne Margrethe, Anne Marie og prinsesse Benedikte.

Kong Frederiks yndlingshobby var rosporten, og hans dattersøn navngav Amager Roklubs nye langtursbåd 'Kong Frederik' på Islands Brygge. Båden er bygget med midler fra en fond, der blev stiftet på kong Frederiks 70 års dag i 1969. Pressefotograf Vagn Hansen har som nestor i faget fulgt den folkekære kong Frederik IX og udvalgt en række fotografier med højdepunkter som bringes på de følgende sider.

Foto: KLAUS MØLLER / BJARKE ØRSTED, GITTE SOFIE HANSEN, DITTE BJERREGAARD, NORDFOTO.

KONG FREDERIK

Om aftenen på kongens 100 års dag var der i Det kongelige Teater mindekoncert for den musikbegejstrede majestæt, og koncerten blev overværet af medlemmer af kongefamilien, som i dagens anledning var samlet i København.

Dronning Ingrid er af årgang 1910, og som i alle gode familier er hun 'kære lille mormor', som man altid kan komme til med hjertesorger og glæder. Dronningen er ikke kun familiens gode fe, men også i besiddelse af en forbilledlig og meget imponerende pligtfølelse og energi. Det blev et højdepunkt på Hillerød Sygehus, da dronning Ingrid indviede den nye børneafdeling, som børnene har smykket med fest og farver. Meget sjovt, meget festligt, præcis sådan som 'kære lille mormor' går ind for.

# Kongens bord

Kong Frederik var et ordensmenneske, som også havde sans for god arbejdshygge. Hans skrivebord er et studium værd på Amalienborgmuseet. Her er masser af familiebilleder, piber og fyldepenne sådan som det var forladt....

Foto: KLAUS MØLLER

# Morgen, d'Herrer!

På befrielsesmorgenen 5. maj var der en berusende stemning overalt.

På Amalienborg Slotsplads mødte kronprinseparret repræsentanter for den danske brigade – kronprinsen taler direkte til fotografen Vagn Hansen, og familielivet koncentreredes omkring de tre døtre, som kong Frederik var den stolte far til.

Musikken var en væsentlig del af hans liv, og han brugte megen tid på at dele denne glæde med pigerne. Det kunne udmærket ske ved eftermiddagens traditionelle te-bord.

Foto: VAGN HANSEN.

# Fint besøg

Blandt mange statsledere, kong Frederik kunne byde velkommen til Danmark, var Sovjetunionens magtfulde Nikita Khrusjtjov med frue og den engelske dronning Elizabeth.

# Godt nyt årtusinde

Dronning Margrethes nytårstale imødeses altid med forventning, fordi den ikke kun er en 'årsberetning' om livets gang i Lidenlund, men betragtninger om Danmark i den store verden og vore menneskelige relationer til verdenssamfundet.

Der er store forventninger til det nye år og det nye årtusinde, både i Kongehusets egen familiekreds og i perspektiv af jubilæer – både FNs menneskerettighedserklæring og vor egen grundlov, der er forudsætningen for det aktive folkestyre.

Såvel grundloven som menneskerettighederne skal bruges og holdes i hævd, for ellers visner de og dør, sagde dronningen, der mindede om, at de ikke kun skulle være en højtidelig vedtagelse, men efterleves i det daglige for at give ideerne livskraft, bæreevne og mening.

Nytårstalen blev efter tradition holdt på Amalienborg, og dronning Margrethe benyttede lejligheden til at fremhæve de gode eksempler på danskere, der ude i verden under ofte fortvivlede forhold bevarer overblikket og roen og gør en stor og eksemplarisk indsats: 'Når krig eller naturkatastrofer pludselig vender op og ned på alting, er de roligt blevet på deres post for at gøre, hvad der kunne gøres'...

Nytår er tiden for kur i Christian den Syvendes Palæ på Amalienborg med souper og koncert. Værterne dronning Margrethe og prins Henrik bar begge Elefantordenen, og det var netop en aften, hvor der lyste af kors og bånd og stjerner...

Blandt gæsterne var grev Ingolf i Livgardens gallauniform og ledsaget af grevinde Susie, prinsesse Elisabeth i selskab med broderen, grev Christian og grevinde Anne Dorte.

# Tillykke, hr. provst!

Et 25 års jubilæum er en særlig mærkedag, når
man er i statens tjeneste.
Holmens provst – traditionelt med nær tilknytning
til Søværnet og Kongehuset – fik et lykønskende
håndtryk af majestæten på sin jubilæumsdag.
Claus Harms forrettede selv gudstjenesten på den
sjældne jubilæumsdag.

Foto: LARS BECH, NORDFOTO.

## Begravelse i Amman

Jordans konge Hussein var en god ven af det danske regentpar, og det blev understreget ved sidste års statsbesøg. Da kong Hussein døde i vinter, deltog prins Henrik i begravelsen som repræsentant for det danske kongehus.

# Besøg fra Afrika

Regentparret fik i foråret besøg af præsidentparret fra den vestafrikanske stat Burkina Faso, der er et af verdens fattigste lande. Danmark yder bistand til landbrugsudviklingen og er en af de betydelige bidragydere. Præsident Blaise Compaore var ledsaget af fru Chantal under besøget i Danmark. Den karismatiske afrikanske præsident Nelson Mandela og fru Grace fik et farvestrålende besøg i

Danmark som tak for regentparrets rejse til Sydafrika og det danske folks støtte til bestræbelserne for et frit Sydafrika. Mange tusinde københavnere vinkede til æresgæsten på køreturen gennem Strøget, og regentparret var vært ved en middag i Christian den Syvendes Palæ på Amalienborg.

Foto: KLAUS MØLLER / KELD NAVNTOFT, NORDFOTO

# Hesten pudset op

Hovedstaden har fået de gamle statuer 'shinet up'. I anledningen af Grundlovens 150 års jubilæum og Stavnsbåndets ophævelse i 1788 er Frihedsstøtten renoveret.
På Amalienborg Slotsplads er den prægtige rytterstatue af Jacques-François-Joseph Saly (Frederik V til hest) restaureret efter donation af skibsreder Mc-Kinney Møllers fond. Nu har regentparret igen udsigt til en af Europas fineste rytterstatuer.

Foto: KLAUS MØLLER

## Mellem pigespejdere

De store smil var fremme, da Pigespejdernes Fællesråd i vinter fejrede 75 år med dronning Ingrid og prinsesse Benedikte som æresgæster som henholdsvis tidligere og nuværende formand. Der er tradition for, at Kongehusets kvindelige medlemmer aktivt støtter Pigespejdernes fællesråd – i Danmark er der alene 80.000 medlemmer.

Foto: PETER ELMHOLT, NORDFOTO.

# Du holder dig godt!

Der findes mange slags komplimenter, og erfarne ægtefolk kender udmærket forskellen på kompliment og ironi.

Alligevel er der vist ikke meget, der rækker videre end netop en kompliment fra sin ægtefælle. Som nu da prins Henrik havde en apprecierende kommentar til dronningens sommerhat. Dronning Margrethe så på prinsens ansigt med den flotte uniformskasket og sagde med sit maliciøse smil: 'Du holder dig sandelig godt, Henri...af en 65-årig at være!'...

Foto: KLAUS MØLLER.

## Prins Henrik 65

Blandt mange familiære begivenheder i Kongehuset i årets første del var prins Henriks 65 års fødselsdag. Prinsen gør et stort nummer ud af at holde sig i form og betragter slet ikke sig selv som gammel – men han nægter ikke, at han ser frem til rollen som bedstefar, og han glæder sig over at være positiv og dyrke sansen for humor og holde selvironien i live – hvad man må, når man er 'dronningens mand'. Men vigtigst af alt, mener den ungdommelige 65-årige, er, at hjertet – sindet – er ungt nok til at tage livet med humør.

# God vind!

Prins Henrik kom med ægte drengesind for at opleve de stolte gamle veteranflyvere, da Kongelig Dansk Aeroklub holdt 90 års jubilæum og markerede det med udstilling og demonstration på Kløvermarken på Amager. Det skete ved solopgang, og både prinsen og bestyrelsen ønskede 'god vind', før de gik til morgenkaffen.

Foto: MARK VAGN HANSEN.

Foto: JESPER BOYE.

## En snegl på vejn...

Århundredets store musical-succes 'My Fair Lady' blev også vinterens tilløbsstykke på Det Ny Teater i København, hvor 70.000 mennesker i sæsonens løb nynnede med på 'En snegl på vejn er tegn på regn i Span'jen'.

I pausen på aftenens forestilling hilste dronning Margrethe på musicaldronningen Eliza: Maike Bahnsen og Søren Spanning (professor Higgins).

# På togt rundt i sommerlandet

Danmark er et herligt land, hvis solen synes det samme. Vejret var helt ekstraordinært, og kongefamilien havde fine dage om bord på kongeskibet Dannebrog, som i år besøgte en række købstæder, hvor der var særlig anledning til besøg. Fæstningsbyen Fredericia led under slaget for 150 år siden, som til gengæld fik indflydelse på Danmarkshistorien. Det sejrrige udfald blev markeret med procession med tusind mand i gamle historiske uniformer og klokke-ringende højtidelighed, overværet af regentparret.

Fra Fredericia til Stubbekøbing blev det til hundredvis af håndtryk til de fremmødte,
og det var prinsesse Alexandras første præsentation af sin situation.
Nordsjælland tog sig ud fra sit mest smilende væsen, da gæsterne kørte langs
Kattegatkysten i åben vogn med hesteforspand. Ved Lynæs Kirke nedlagde
prins Henrik en krans for fiskere, der var omkommet på havet.
Dronning Margrethe blev budt på festlagkage i fritids- og ungdomsklubben
Oliemøllen, før borgmester Hans Christian Nielsen bød gæsterne på
slentretur ad Vestergade i Skelskør.

Foto: KARL RAVN / KLAUS MØLLER.

# Barndommens komfur

Da dronning Margrethe
i sommer besøgte Nykø-
bing Mors, var der besøg
på byens jernstøberi, som
hun også besøgte, da
hun var skolepige – og
hjembragte et minikom-
fur, som direktør Peter
Jessen kunne vise en
model af. Og som alle
kærkomne minder fra
barndommen vakte det
smil i købstaden, som
havde fået besøg i anled-
ning af 700 års jubilæet...

Foto: KARL RAVN.

# Alt for dyr!

Landbohøjskolens rektor Schmidt Nielsen kunne i efteråret byde velkommen til to smukke damer, klædt i samme varme røde nuance: skuespillerinden Ghita Nørby og prinsesse Alexandra. De har nemlig fælles interesse – omsorg for dyr, hvad enten det er husdyr eller dyr, som hører til vor hverdag som hunde og heste.
Ghita Nørby er ovenikøbet formand for en organisation, der tager sig af god pleje af dyr, og de fik både rundvisning og indtryk af den dyresygepleje, som Landbohøjskolen mestrer.

Foto: MARTIN SØRENSEN.

# De vilde dyr
# byder os velkommen

De vilde dyr i nationalparken Mokolodi, Botswana, Sydafrika, er til turisternes store fotofornøjelse, og prinsesse Benedikte har på en af sine mange rejser til Sydafrika, hvor hun åbnede den danske afdeling af SOS-børnebyerne, fået et nært kammeratskab med parkens gepard. Det er et frygtsomt rovdyr, som ikke søger menneskelig kontakt, men i dette tilfælde huskede den prins Richard og prinsesse Benedikte og gav en hjertelig velkomst. I SOS-børnebyerne får forældreløse afrikanske børn en ny fremtid, og prinsessen er 100 dage om året på mission for at skaffe børnebyerne nye muligheder, og i byen Francistown findes en mindeplade, der fortæller, at prinsessen åbnede børnebyen i marts 1999.

Foto: TORKEL DYRTING

# Historisk kirkedag

Det var kirkehistorie, da domprovst Henrik Ahrendt
blev bispeviet i Haderslev Domkirke i foråret.
Han bar den bispekåbe, som Kong Frederik IV
skænkede salmedigteren Hans Adolf Brorson.
Over 100 mennesker med dronning Margrethe i
spidsen overværede bispevielsen.

Foto: JACOB BOSERUP, NORDFOTO.

## Dronningens ur

Tjenestetiden i Den kongelige Livgarde kan være barsk, men er alligevel eftertragtet af mange unge, fordi der er et særligt kammeratskab og sammenhold. Helt tilbage til kong Frederik IXs dage har der været en opmærksomhed til en god kammerat i korpset, og det blev til 'Kongens ur', som i vore dage er 'Dronningens ur', et armbåndsur med inskription, som er en populær opmærksomhed.

Ved en parade en kold vinterdag på Rosenborg Eksercerplads blev årets ur overrakt af dronning Margrethe til garder Henrik Tandrup Hansen.

# Tillykke, tillykke!

Sommeren fik en ekstra begivenhed, da prinsesse
Alexia, datter af dronning Anne Marie og kong Kon-
stantin og altså barnebarn af dronning Ingrid, blev
viet til den spanske succes-arkitekt Carlos Quintana.
Men også i Horsens var der kongelige til bryllup i Klo-
sterkirken, hvor prins Henriks nevø Thomas Beauvillain
giftede sig med den 23-årige Mie Samson fra Horsens.
200 specielt indbudte gæster, bl.a. også dronning
Margrethe, prins Henrik, kronprinsen og prinseparret
fra Schackenborg overværede brylluppet i Klosterkir-
ken og var med til et fælles 'til lykke!'...

Foto: KLAUS MØLLER / KLAUS GOTTFREDSEN, JYLLANDS-POSTEN

# Fik penge af avisen

Det er ikke noget særsyn, at medlemmer af kongefamilien kommer i avisen, men det er et særsyn, at de kommer på avisen. Anledningen på en af årets første dage var da også speciel: Berlingske Tidende fyldte som en af Europas ældste bladudgivelser et kvart årtusinde, og 400 gæster med dronning Margrethe i spidsen overværede en festforelæsning på Københavns Universitet, hvor bestyrelsesformand i Det Berlingske Hus Ole Scherfig bød majestæten velkommen.
I de smukke modtagelsesrum i Christian VII's palæ havde bestyrelsesformanden forinden overrakt kronprins Frederik en check på en halv million til Kronprinsens fond, der blandt andet sikrer unge uddannelse i udlandet.

Foto: KELD NAVNTOFT, NORDFOTO

# Dans
# i junglen

Prins Joachim blev under en rejse i Bolivia, Sydamerika, i sin egenskab af protektor for et dansk udviklingsprojekt, budt op til dans af indianerkvinder i junglen. Prins Joachims engagement i landbrug og byudvikling har ført ham rundt i verden, og målet er overalt at skabe et selvforsynende samfund.

Foto: CLAUS FISKER, NORDFOTO.

# Smil til verden!

Dronning Ingrid fortrød bestemt ikke sommer- rejsen til Londons græske kirke, hvor kronprins Frederik var gudfar til hendes oldebarn, Kon- stantinos Alexios, søn af den græske kronprins Pavlos og kronprinsesse Marie-Chantal. Det er tredie gang, kronprins Frederik optræder som gudfar. For Dronning Ingrid var det en ekstra oplevelse at se, at hendes øjesten og oldebarn mødte verden med et stort smil sammen med de stolte bedsteforældre kong Konstantin og dronning Anne Marie. Den farverige ceremoni blev foretaget af ærke- biskop Gregorios.

Foto: NORDFOTO / REUTERS / SCANPIX SWEDEN / KELD NAVNTOFT, NORDFOTO.

# Frynsegoder

Der manglede ikke vittige kommentarer, da kronprins Frederik fik 'æren' at klippe frynserne af de gobeliner, som nu smykker De danske Kongers kronologiske Samling på Rosenborg Slot.
De vævede illustrationer viser scener fra de skånske krige, og de 12 store gobeliner er tilbage efter udlån til Christiansborg Slot. Restaureringen af de mere end 300 år gamle billedvævninger har taget kunstneren Berndt von Eichen otte år, og det er en gave fra Dansk Industri til dronning Margrethes kommende runde fødselsdag i april.
Tilsvarende har det taget kunstneren, professor Bjørn Nørgaard en halv snes år at væve gobelinerne i Paris, og som alle rigtige frynsegoder kan man beholde dem til minde...

Foto: MORTEN JUHL, STINE NORDEN, NORDFOTO.

## Sætter pris på humor

Folk i fokus bliver udsat for de besynderlig-
ste 'hædersbevisninger', men det er jo op til
den enkelte at vælge.
Kronprins Frederik blev i ekstra godt humør,
da han på Københavns Rådhus blev bedt om
at modtage 'Rasmus Klump-prisen' for sin
fint praktiserede humor – og fik symbolet
overrakt af tegneseriefiguren selv...
Så nu har Hans Kongelige Højhed bevis på,
at han har humor!!

Foto: MARTIN SØRENSEN.

# Komtessebrude

Greve Christian og Anne Dorte af Rosenborgs smukke døtre vakte opsigt, da de gik mannequin for designeren Karim ved en bryllupsmesse på Færgen Sjælland. "Tudserne", som forældrene kalder de 26-årige tvillinger Camilla og Josephine, er begge gift. Feodora på 23, kaldet "Feo",

mangler endnu at træde brudevalsen. Opvisningen fik stor applaus, specielt af fasteren prinsesse Elisabeth, der er dronning Margrethes kusine. Hun var i selskab med den stolte moder grevinde Anne Dorte.

Foto: FARROKH Y-BEIK

# Fødselsdag

Dronning Margrethe hyldes af tusindvis af børnehavebørn, pensionister og andre med dannebrogsflag på sin 59 års fødselsdag og kvitterer med vink fra balkonen på Amalienborg.

Foto: JØRGEN JESSEN, NORDFOTO

# I sambaens land

Brasilien-rejsen blev 12 uforglemmelige dage for dronning Margrethe, prins Henrik og kronprinsen. Dronning Margrethe havde selv som tronfølger for 33 år siden besøgt landet. Gensynsglæden var stor, og den brasilianske livsglæde smittede af på de kongelige. Den folkevalgte præsident Fernando Henrique Cordosos og hans danske gæster nød hinandens selskab. Eventyrrejsen startede i São Paulo, herfra til Brasilia, retur til São Paulo og videre til Salvador med afslutning i Iguaçú.

Foto: KLAUS MØLLER

# Regnbuer og vandfald

Aldrig er dronningen blevet krammet og kysset så meget,
men majestæten nød de spontane og kærlige brasilianere.
Kronprinsen besøgte frømandskolleger på flådeakademiet i Rio,
og sendte senere 70 havskildpaddeunger af sted på deres
første rejse i Atlanterhavet.
Højdepunktet på turen var da, regnbuen forgyldte kongefamilien.
Iført regntøj besøgte de verdens største vandfald Foz do Iguaçú,
og sejlede i store motordrevne gummibåde rundt om området
med de i alt 275 vandfald.

# Frem i lyset...

Der findes ikke nogen manual for, hvordan man uddanner sig til konge. Alligevel er der ganske faste traditioner for, hvad der kan være vejen – og hertil kommer som i kronprins Frederiks tilfælde det personlige valg.

Kronprinsen møder megen sympati, enten han er i samtale med den ungarske præsident Arpád Göncz eller storskibsrederen Mærsk Mc-Kinney Møller, der har bekostet renovering af rytterstatuen på Amalienborg Slotsplads.

Det barske tjenesteliv fortsætter i hundeslædepatruljen Sirius i Nordgrønland, og han har traditionen tro været med til at bygge hundeslæden 'Nordstjernen', som blev 'søsat' i champagneskum i Venslev på Roskildeegnen.

Foto: KLAUS MØLLER / KELD NAVNTOFT, NORDFOTO.

# Goddag til den nye

Alle familier i Danmark kender for-
ventningens glæde, når et nyt med-
lem af familien er på vej. Ikke mange
er ventet med så stor utålmodighed
som prinsesse Alexandras og prins
Joachims søn. Det var en stor og
næsten befriende glæde, da det
endelig lykkedes på en smilende sen-
sommerdag. Joachim klippede selv
navlestrengen.

Den lille charmetrold lod sig ikke
forstyrre af den internationale inter-
esse omkring sin person som arve-
prins til den danske trone. Han sov
sødeligt, da verdenspressen for-
evigede ham for første gang, og de
stolte forældre gav sig god tid til
præsentationen.

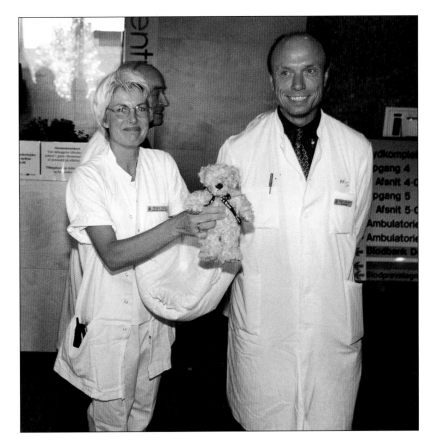

Foto: TORKEL DYRTING / MARK VAGN HANSEN / KLAUS MØLLER

# Farvel og tak

Alexandra tog hjertelig afsked med personalet på Rigshospitalet, og afdelingsjordemoder Edith Clement fik et knus og lov til at bære den nyfødte de sidste skridt fra hospitalet. Ledende jordemoder Marianne Tolstrup præsenterede prinsens legebamse Buller.
Efter det store show på Rigshospitalet gik turen hjem til Schackenborg i Sønderjylland. Hverken mor eller far skjuler, at de er stolte og meget lykkelige.
Det er noget man godt forstår. Det er jo et rigtigt ønskebarn. Et længe ventet medlem af familien.

Foto: KLAUS MØLLER / BO SVANE, JYLLANDS-POSTEN

## Lykkelig greve

Grev Jefferson-Friedrich Graf von Pfeil und Klein-Elguth var lykkelig efter en dramatisk, men vellykket fødsel med kejsersnit. Hustruen prinsesse Alexandra af Berleburg måtte holde den nervøse greve i hånden under fødslen. Som den første ringede greven til dronning Ingrid for at fortælle den glade nyhed. Hun var blevet oldemor for fjerde gang, til en velskabt dreng med lyst hår og blå øjne. Prinsesse Benedikte hastede fra Berleburg. For første gang var hun blevet mormor og sad længe med barnebarnet, som grev Jefferson straks gav kælenavnet Elvis.

Foto: MARK VAGN HANSEN / KASPAR WENSTRUP, NORDFOTO

## Norden er samlet

Med et varmt knus til Sveriges
kronprinsesse Victoria gav kronprins
Frederik et symbolsk evis på, at Danmark
og Sverige nu atter er forbundet, nemlig med
Øresundsbroen, hvis sidste gab blev lukket
med denne  historisk-royale begivenhed.
Den svenske kronprinsesse og den danske
kronprins gik hinanden i møde, da broen
blev samlet, og dermed er alt klar til den
egentlige sommerindvielse af den
7,8 kilometer lange bro og tunnel.

Foto: KLAUS MØLLER / SØREN BIDSTRUP, STF

## Joachim 30 år

30-års fødselsdagen er et vendepunkt for de fleste unge. Prins Joachim kunne se tilbage på et eventyrligt liv. En kvik dreng, der startede i skole som 5-årig, og allerede som 17-årig kunne han svinge studenterhuen. Med dispensation kom han i militæret to måneder før 18 års fødselsdagen. Prinsen nød militærlivet og kammeratskabet, blev løjtnant i Prinsens Livregiment og ville gerne fortsætte en militær karriere. Joachim skulle overtage Schackenborg og valgte i stedet en uddannelse som landmand og supplerede den med økonomiske studier. I Hong Kong blev han ansat hos Mærsk og afsluttede læretiden i Paris. Den store kærlighed fandt Joachim i Hong Kong. Frøken Alexandra Christina Manley var drømmepigen, som han giftede sig med i 95. Det er kærlighed for livet, og kronen på værket var, da hun skænkede ham en søn.

Foto: KLAUS MØLLER

# Slipset gjorde knuder

På sin 30 års fødselsdag fik prins Joachim tildelt det synlige bevis på sit medlemskab af den eksklusive "Tivoli-klubben", som kun kan have 100 medlemmer. Beviset er et slips, som altid skal bæres ved deltagelse i møderne, men det gjorde knuder, da det skulle bindes, til stor moro for deltagerne i sammenkomsten. I slutningen af maj besøgte prinsen Kina, hvor han var på privatbesøg, inden han fortsatte til "Danmarks dag" som officiel gæst på den store verdensudstilling Expo'99 med 32 udstillende danske virksomheder. Han fik også lejlighed til et møde med Shanghais vice-borgmester, professor, fru Zuo Huanchen.

Foto: NIELS PETER ARSKOG, NORDFOTO

## Boss på Dannebrog

Sømanden Frederik var for første gang øverstbe-
falende på kongeskibet, da han drog til Aalborg,
mens mor og far var på sommerferie i Caix.
Prinsen var i ekstra godt lune. Dels måtte han
have ørnenæbbet frem, da han åbnede det høj-
teknologiske Mekka VR-Center Nord. Et lysleder-
kabel var sat op som "silkesnor", da virtual reality-
centeret blev indviet. Dels skulle han opleve kap-
sejladsen og overrække trofæet ved det prestige-
fyldte "The Cutty Sark Tall Ships Races", som gik
til det polske skoleskib "Pogoria", der havde flere
kvindelige gaster.

Foto: KARL RAVN / HENNING BAGGER, NORDFOTO

# Bravo, mor!

Prins Joachim udtrykte sin begejstring over dronning Margrethes tale ved åbningen af jubilæumsudstillingen for Hjemmeværnet i Frøslevlejren. Anledningen var Hjemmeværnets 50 års jubilæum, og senere var der besøg i Søgaardlejren, med reception.
Ved besøget blev dronningen hilst med en smuk sommerbuket, før turen gik videre til bispevielsen i Haderslev.

Foto: BRIAN BUCHARD.

## Sejler-prinsen

Sejlsport har altid været en kongelig
sport. Prins Henrik udviser overordentlig
dygtigt sømandskab og har deltaget -
med succes – i talrige internationale sej-
ladser. VM i matchrace blev afholdt i
Skovshoved, og både prins Henrik og
Frederik deltog. Farmand tabte til søn-
nen, men de tog oplevelsen med herligt
sejlerhumør.

Prins Henriks dragejolle er prydet med
en særdeles smuk spiler, som han selv
har bestilt. Andy Warhols billede af
dronning Margrethe fylder sejlet, så
ingen er i tvivl om, hvem der fører
båden.

Foto: KLAUS MØLLER / KELD NAVNTOFT, NORDFOTO

# Velkommen i Caix!

Prins Henriks barndomshjem, vinslottet Caix i Cahors, Sydfrankrig, skal også
være et fristed for næste generation.
Det blev meddelt ved den årlige sammenkomst for pressen i sensommeren,
og det er med henblik på, at 'de nye' kan lære det miljø at kende,
som Grand-Papa – sådan vil prinsen kalde sig – kommer fra.
Regentparret glæder sig allerede til den situation at skulle tage imod små
feriegæster og fortælle om den helt specielle verden, som vinavl er.
Og på spørgsmålet om, hvordan de vil være i rollen som bedsteforældre,
er svaret prompte: 'Lige så fjollede som andre synes at være'...

Foto: KLAUS MØLLER.

# Flagparade

Dronning Margrethes og prins Henriks sommer-
besøg i Århus var af privat karakter. De blev ikke
modtaget officielt på rådhuset, men fik en kort
samtale på kajen med borgmester Flemming
Knudsen. Flere timer før ankomsten havde
århusianere og honoratiores taget opstilling på
honnørkajen. 25 århusianske foreninger og
organisationer lavede en flagparade, og specielt
folkedanserforeningen fik et kongeligt smil.